마시멜로 레인저
어린이 속담

초판 인쇄 2025년 08월 08일
초판 발행 2025년 08월 13일

원작 김도훈
글 · 그림 난누군가
펴낸이 김태헌
펴낸곳 굿에듀러닝

주소 경기도 고양시 일산서구 대산로 53
출판등록 2021년 3월 11일 제2021-000062호
전화 031-911-3416
팩스 031-911-3417

*낙장 및 파본은 교환해 드립니다.
*본 도서는 무단 복제 및 전재를 법으로 금합니다.
*가격은 표지 뒷면에 표기되어 있습니다.

원작 **김도훈** / 글·그림 **난누군가**

✨ 등장인물 ✨

비트
2% 부족한 부분을 채워나가는 이미지.
"무한도전"하는 스타일. 노력의 아이콘.
Apple 로고처럼 머리 한 쪽이 떨어져 나가 있음.
이 부분이 자칫 숨겨진 과거가 있는 것이 아니냐고 하지만 사실무근.
그냥 나이가 어려서 과거가 없음 이름은 "한 입"을 뜻하는
"bite"에서 착안. 대표 색상은 Blue.

딸기
귀엽고 순수하며 호기심이 많고 긍정적인 이미지.
막내 여동생 같음 귀엽거나 맛있는 것을 좋아함.
"코코"가 워너비. 커다란 딸기 모자가 시그니쳐.
고양이를 키우고 싶어함. 대표 색상은 Pink.

코코
쿨하고 스마트함. 멤버중 가장 똑똑한 엘리트이면서 하나를
가르치면 열을 아는 천재형. 노래 듣는 것을 좋아하고 댄스에
재능이 있으나 음치. 더위에 약함. 4명 멤버 중 키가 가장 큼.
"쪼꼬"라고 부르기도 함. 대표 색상은 Yellow.

뿌링
건강하고 씩씩한 만능 스포츠맨. 본인이 아주 재밌다고
생각하지만, 사실은 아재개그 스타일.
행동파이면서 성격이 급하기도 함.
겁이 없지만, 벌레를 매우 무서워하고 고양이 알러지가 있음.

안경선배

가장 오랫동안 멜로레인저와 함께 해왔지만, 정식 레인저는 아니고 레인저들을 관리하는 스태프. 과거 레인저 후보생이었으나 피치못할 이유로 탈락하고 스태프가 된 것으로 보임. 자상하고 성실한 바른생활 스타일. 잔소리 담당으로 직접 나서지는 않음. 레인저들은 "안경선배"라고 부름. 취미가 "농구"라는 소문이 있음. 대표 색상은 Silver.

곤뇽

"샤샥"과 쌍둥이 형제로 "덤앤더머" 느낌.
"샤샥"과 서로 형이라고 항상 싸우기 때문에 누가 형인지는 알 수 없음. 만화와 면요리, 만두를 좋아함.
엉뚱하거나 기발한 아이디어를 잘 냄.

샤샥

"곤뇽"과 쌍둥이 형제.
게임과 패스트푸드, 고기를 좋아함.
만들고 그리는 재능이 있음

고냥

고양이로 추정됨.
책임감이나 남의 시선 같은 것은 별로 생각하지 않는 낭만주의자.
별다른 재능은 없지만 "냥편치"를 쓸 수 있고 상대방이 자기도 모르게 호감을 느끼게 하는 재주가 있음.
많은 것이 비밀스러움. 말끝에 "~냥"을 붙임.

차례

01. '가·갸' 다음 자도 모른다. · 10
02. 가는 말이 고와야 오는 말이 곱다. · 12
03. 가랑잎이 솔잎더러 바스락댄다고 한다. · 14
04. 가뭄에 콩 나듯 한다. · 16
05. 가재는 게 편. · 18
06. 갈수록 태산이다. · 20
07. 감나무 밑에 누워 감 떨어지기만 기다린다. · 22
08. 같은 값이면 다홍치마. · 24
09. 개똥도 약에 쓰려면 없다. · 26
10. 개 발에 편자 · 28
11. 개천에서 용 난다. · 30
12. 거미도 줄을 쳐야 벌레를 잡는다. · 32
13. 겉 다르고 속 다르다. · 34
14. 고래 싸움에 새우 등 터진다. · 36
15. 고슴도치도 제 새끼가 제일 예쁘다. · 38
16. 고양이 쥐 생각해 준다. · 40
17. 공든 탑이 무너지랴. · 42
18. 구더기 무서워서 장 못 담글까. · 44
19. 구슬이 서 말이라도 꿰어야 보배다. · 46
20. 굼벵이도 구르는 재주가 있다. · 48
21. 귀에 걸면 귀걸이, 코에 걸면 코걸이. · 50
22. 금강산도 식후경. · 52
23. 급하다고 바늘허리에 실 꿰어 쏠까. · 54
24. 길고 짧은 것은 대 봐야 안다. · 56
25. 꼬리가 길면 밟힌다. · 58

26. 꽃 본 나비 담 아니 넘어갈까. · 60
27. 꿀 먹은 벙어리. · 62
28. 꿩 먹고 알 먹는다. · 64
29. 남의 떡이 커 보인다. · 66
30. 낮말은 새가 듣고 밤말은 쥐가 듣는다. · 68
31. 내 코가 석 자. · 70
32. 누울 자리 봐 가며 발 뻗는다. · 72
33. 누워서 침 뱉기. · 74
34. 눈 뜨고 코 베인다. · 76
35. 늦게 배운 도둑질에 날 새는 줄 모른다. · 78
36. 달걀로 바위 치기. · 80
37. 닭 잡아먹고 오리발 내놓기. · 82
38. 도토리 키 재기. · 84
39. 되로 주고 말로 받는다. · 86
40. 될성부른 나무 떡잎부터 알아본다. · 88
41. 마른하늘에 날벼락. · 90
42. 말 안 하면 귀신도 모른다. · 92
43. 말 한마디에 천 냥 빚을 갚는다. · 94
44. 매도 먼저 맞는 게 낫다. · 96
45. 모래 위에 성 쌓기. · 98
46. 목구멍이 포도청. · 100
47. 못된 송아지 엉덩이에 뿔 난다. · 102
48. 무소식이 희소식이다. · 104
49. 물에 빠지면 지푸라기라도 잡는다. · 106
50. 믿는 도끼에 발등 찍힌다. · 108

51. 바늘 가는 데 실 간다. · 110
52. 바늘 도둑이 소도둑 된다. · 112
53. 바늘방석에 앉은 것 같다. · 114
54. 발 없는 말이 천 리 간다. · 116
55. 배보다 배꼽이 더 크다. · 118
56. 백지장도 맞들면 낫다. · 120
57. 번갯불에 콩 볶아 먹는다. · 122
58. 벙어리 냉가슴 앓듯 한다. · 124
59. 벼룩의 간을 내어 먹는다. · 126
60. 부뚜막의 소금도 집어넣어야 짜다. · 128
61. 불난 집에 부채질한다. · 130
62. 빈대 잡으려고 초가삼간 태운다. · 132
63. 빛 좋은 개살구. · 134
64. 사냥 가면서 총 놓고 간다. · 136
65. 사람은 얼굴보다 마음이 고와야 한다. · 138
66. 서당 개 삼 년에 풍월을 읊는다. · 140
67. 소문난 잔치에 먹을 것 없다. · 142
68. 쇠귀에 경 읽기. · 144
69. 수박 겉 핥기. · 146
70. 시작이 반이다. · 148
71. 싼 게 비지떡이다. · 150
72. 아니 땐 굴뚝에 연기 날까. · 152
73. 아이 보는 데는 찬물도 못 먹는다. · 154
74. 약방에 감초. · 156
75. 어물전 망신은 꼴뚜기가 시킨다. · 158

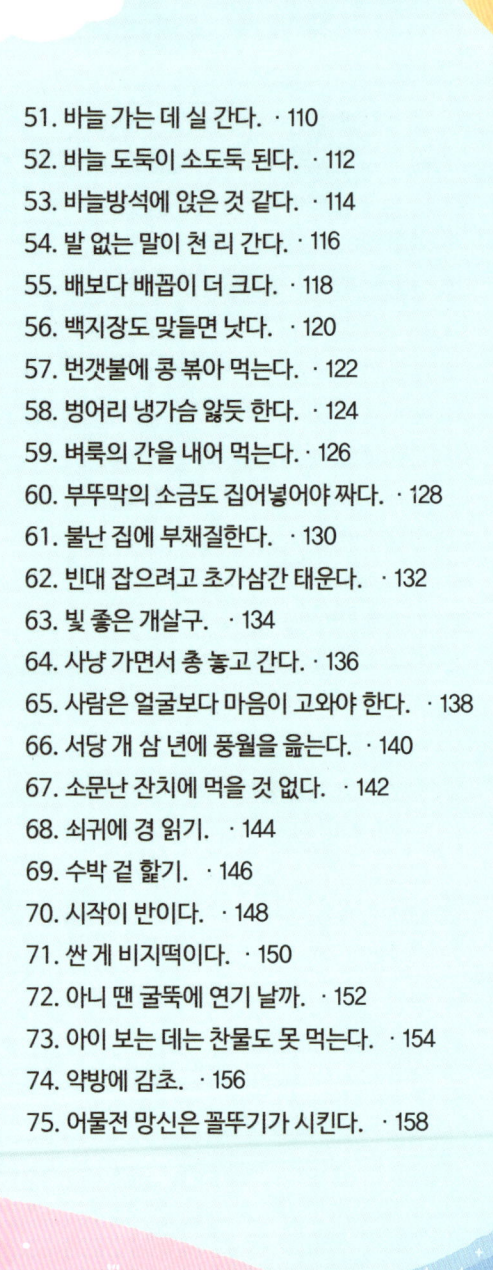

76. 엎드려 절 받기. · 160
77. 엎어진 김에 쉬어 간다. · 162
78. 열 번 찍어 안 넘어가는 나무 없다. · 164
79. 우물 안 개구리. · 166
80. 우물을 파도 한 우물을 파라. · 168
81. 원님 덕에 나팔 분다. · 170
82. 원숭이도 나무에서 떨어진다. · 172
83. 입에 쓴 약이 병에는 좋다. · 174
84. 자다가 봉창 두드린다. · 176
85. 작은 고추가 맵다. · 178
86. 제 꾀에 자기가 넘어간다. · 180
87. 쥐구멍에도 볕 들 날 있다. · 182
88. 지성이면 감천이다. · 184
89. 찬물도 위아래가 있다. · 186
90. 첫술에 배부르랴. · 188
91. 친구 따라 강남 간다. · 190
92. 콩 심은 데 콩 나고, 팥 심은 데 팥 난다. · 192
93. 콩을 팥이라 해도 곧이듣는다. · 194
94. 티끌 모아 태산. · 196
95. 평안 감사도 저 싫으면 그만이다. · 198
96. 하나를 보면 열을 안다. · 200
97. 하룻강아지 범 무서운 줄 모른다. · 202
98. 호랑이도 제 말 하면 온다. · 204
99. 호미로 막을 것을 가래로 막는다. · 206
100. 혹 떼러 갔다가 혹 붙여 온다. · 208

'가,갸' 다음 자도 모른다.

옛날에는 한글을 배울 때 '가·갸·거·겨'부터 배웠습니다. 그런데 겨우 '가·갸'만 알고 그 다음을 모르니 얼마나 답답한 상황인지요. 한마디로 '무식하다'는 뜻을 담고 있는 말입니다. 이것과 비슷한 의미를 가진 속담으로는 '낫 놓고 기억자도 모른다.'가 있습니다.

태권도 좀 가르쳐 줄 수 있어?

우와, 고마와!

찡긋~

그래, 날 잘 따라 해봐!

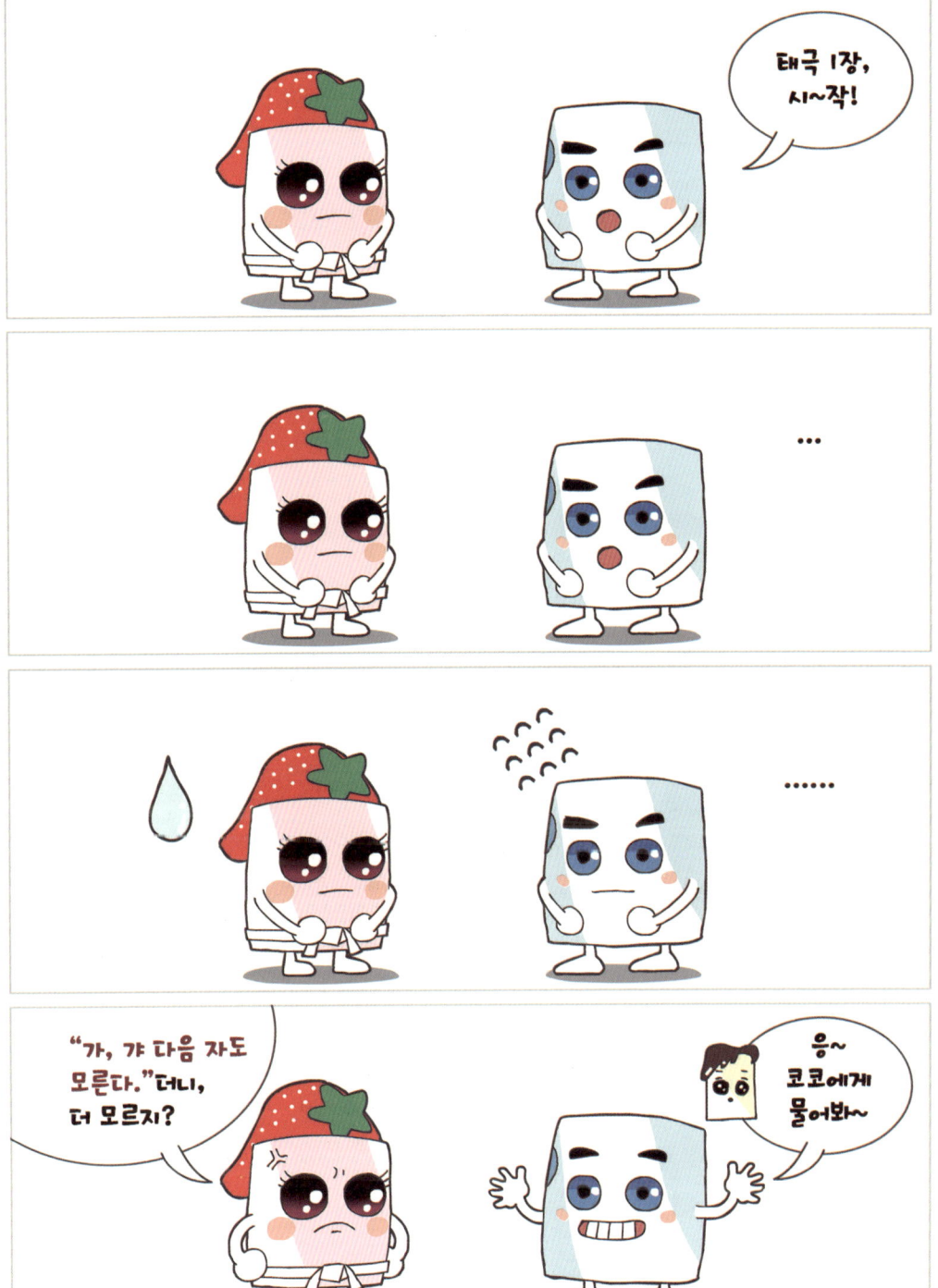

가는 말이 고와야 오는 말이 곱다.

이 속담은 '내가 상대방에게 말과 행동을 좋게 해야, 그 사람도 나에게 말과 행동을 좋게 한다.'라는 의미를 담고 있습니다. 내가 남에게 거친 말을 쓰고 무례하게 굴면서, 남이 나에게 상냥하고 친절한 모습을 보이기를 바랄 수는 없는 노릇입니다.

레인저들이 생활하는 "바위산 기지"의 운영 시스템은 "망고"라는 이름의 첨단 AI 로봇이 관리하고 있습니다.

"망고"는 음성을 알아듣고 사람처럼 반응하죠.

냐옹~

망고, 오늘 날씨 좀 알려줄래?

가랑잎이 솔잎더러 바스락댄다고 한다.

바람 불어 나뭇잎이 흔들리는 소리는 제각각입니다. 아무래도 가느다란 솔잎보다는 가랑잎 바스락거리는 소리가 크게 마련이지요. 그런데 가랑잎이 솔잎한테 시끄럽다고 하면 말이 되나요? 이 속담은 '자신의 큰 허물은 못 보고 남의 작은 허물을 탓할 때' 쓰입니다.

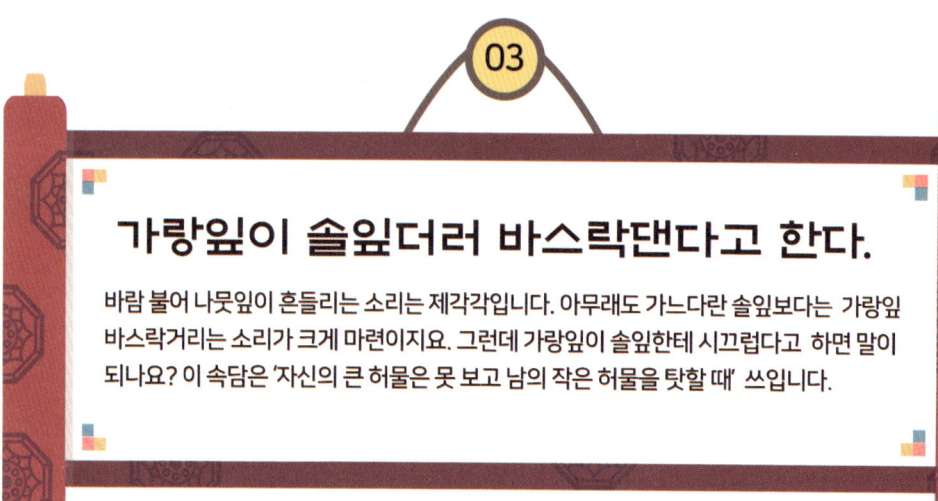

03

가랑잎이 솔잎더러 바스락댄다고 한다.

바람 불어 나뭇잎이 흔들리는 소리는 제각각입니다. 아무래도 가느다란 솔잎보다는 가랑잎 바스락거리는 소리가 크게 마련이지요. 그런데 가랑잎이 솔잎한테 시끄럽다고 하면 말이 되나요? 이 속담은 '자신의 큰 허물은 못 보고 남의 작은 허물을 탓할 때' 쓰입니다.

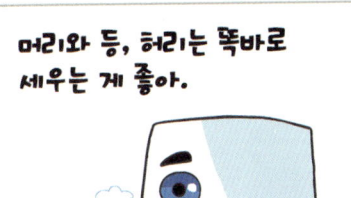

가뭄에 콩 나듯 한다.

식물은 비가 충분히 내려야 잘 자라납니다. 가뭄이 계속되는 날씨에 씨앗을 심으면 기껏해야 드문드문 싹을 틔울 뿐이지요. 이 속담은 '메마른 땅에 콩을 심은 것처럼, 자기가 바라는 만큼 좋은 결과를 충분히 거둘 수 없을 때' 쓰입니다.

가재는 게 편.

가재와 게는 공통점이 있습니다. 모두 딱딱한 등딱지와 집게발을 가졌지요. 어쩌면 가재와 게는 서로를 친구로 여길지 모르겠습니다. '가재는 게 편'이라는 속담에는 그와 같은 의미가 담겨 있지요. 단지 모양과 형편이 비슷하다는 이유로 같은 편이 되어준다는 말입니다.

와~ 꼬오오오올~!

대한민국, 본선에 진출합니다!

함께 축구 경기를 보니 정말 재밌다!

그리고 응원하는 팀이 있으면 더 재밌지!

갈수록 태산이다.

산 하나를 넘으면 '이제 평탄한 길이 나오겠지.' 하는 기대가 있습니다. 그런데 애써 산을 넘고 나니 또 다른 산이 앞을 가로막습니다. 그 다음에도, 그 다음에도, 오히려 점점 더 큰 산이 나타납니다. 이 속담은 그처럼 '어려움 뒤에 더 큰 어려움이 닥치는' 경우에 쓰입니다.

레인저 후보생 산악 훈련중

이런, 우리 길을 잃은 것 같아!

어쩌지? 우리 꽤 멀리 왔어.

친구들, 벌써 해가 지고 있다구.

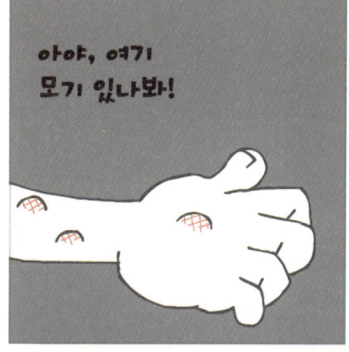

감나무 밑에 누워 감 떨어지기만 기다린다.

이 속담은 '아무런 노력도 하지 않은 채 자신이 소망하는 성과를 거두게 되기를 바란다.'라는 의미입니다. 그냥 뜻밖의 행운이 찾아오기만 기다리는 어리석은 짓이지요.

학교는 가야 하는데, 일어나기 귀찮다... 따르릉~

시험은 봐야 하는데, 공부하기는 귀찮다...

살은 빼고 싶은데, 운동하기는 귀찮다...

돈은 필요한데, 돈 벌기는 귀찮다... 어머, 이건 사야돼!

"감나무 밑에 누워 감 떨어지기만 기다린다"라고, 노력하지 않으면 되는 일이 없지.

그러니까 이 "귀차니즘"을 세상에 퍼뜨리는 거야!

사람들이 게을러지면, 지구를 정복하기가 더 쉬워지겠지?

멋져, 멋져! 그럼 이제 뭣부터 시작할까?

음...

음... 음... 음...

글쎄...?

이제 감나무 아래 온 거니까... 지금부터 감 따는 생각을 하면 뭐... 그러니까...

이봐요, 나 좀 보면서 얘기해봐요~

같은 값이면 다홍치마.

다홍치마란, 색깔이 짙고 산뜻한 붉은색 치마를 말합니다. 아마도 옛날 사람들은 붉은색을 매우 좋아했던 듯합니다. 그래서 똑같은 값이면 여러 치마 중 다홍치마를 사겠다는 뜻이지요. 다시 말해 '같은 가격이라면 가장 마음에 드는 것을 선택한다.'는 의미입니다.

좋아, "같은 값이면 다홍치마"라고, 나도 오늘부터 "빨간색"만 좋아할테다!

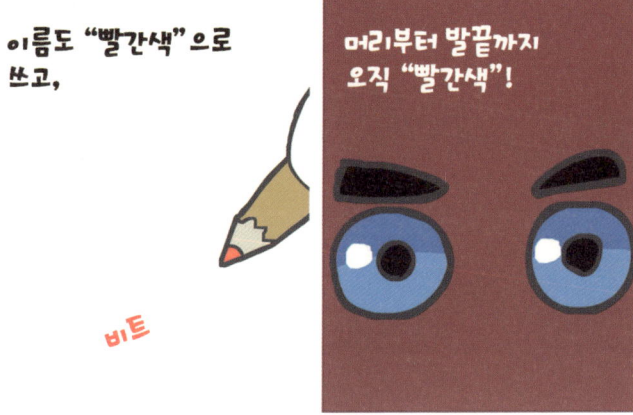

개똥도 약에 쓰려면 없다.

평소 흔하디흔한 개똥은 아무짝에도 쓸모없어 버려지게 마련입니다. 오히려 깨끗이 치우느라 번거로울 따름이지요. 그런데 그런 개똥조차 막상 필요해서 찾으면 잘 보이지 않습니다. 이 속담은 '하찮은 물건도 정작 구하려면 없다.'라는 의미를 담고 있습니다.

드디어, 김장 끝!

김장이 끝났다는 것은...

오늘도 김치 — 안녕~

내일도 김치 — 반가와~

매일매일 김치 — 나 좋아해?

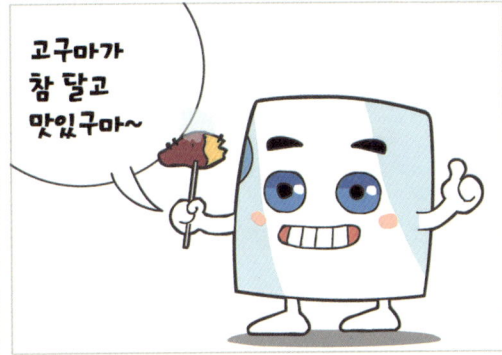

개 발에 편자.

'편자'는 말굽에 대어 붙이는 'U' 자 모양의 쇳조각을 가리킵니다. 사람의 신발과 같은 역할을 해 말굽을 보호하지요. 그런 편자를 말굽이 아니라 개 발에 대어 붙인다면 이상하기 짝이 없습니다. 따라서 이 속담은 '제격에 맞지 않는 경우'에 쓰입니다.

레인저스! 드디어 본부에서 슈퍼카를 보내왔다!

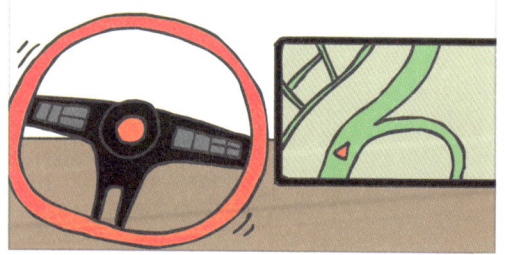

A.I가 가장 빠른 길을 알려주고,

위험할 땐 슬라임 모드로 순간 변신!

개천에서 용 난다.

물이 지저분한 개천에서 용이 나올 리 없습니다. 만약 그런 일이 벌어진다면 기적이지요. 이 속담은 '어려운 환경에서 훌륭한 인재가 나오는 경우'에 쓰입니다. 개천에서 용 나는 일이 많아야 모든 사람들이 희망을 갖고 노력하게 됩니다.

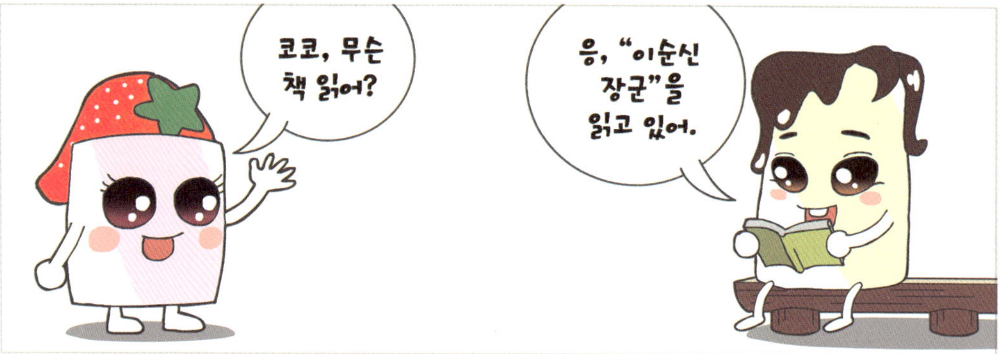

> 코코, 무슨 책 읽어?

> 응, "이순신 장군"을 읽고 있어.

> 이순신 장군은 영웅 중의 영웅이지.

> 그거 알아? 사실 이순신 장군은 어려운 환경을 극복하고 영웅이 됐다는 거?

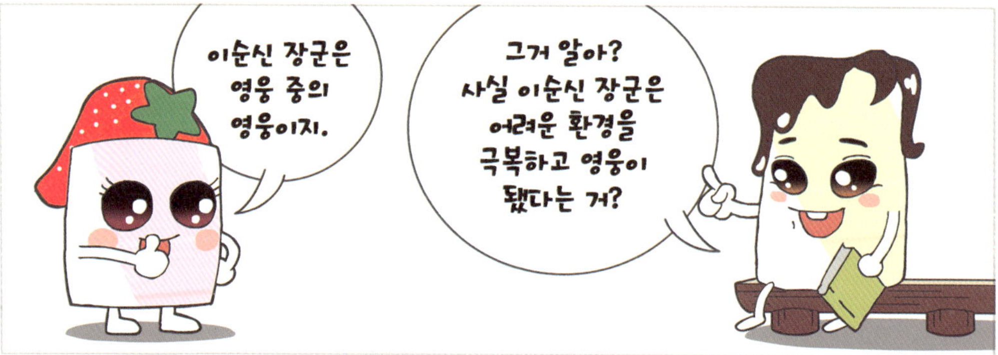

12

거미도 줄을 쳐야 벌레를 잡는다.

'아무런 준비 없이 꿈을 이룰 수 없다.'는 진리를 이야기하는 속담입니다. 거미도 벌레를 잡아 허기진 배를 채우려면 우선 거미줄부터 쳐야 하지요. 사람의 꿈이야 두말할 나위 없습니다. 항상 철저히 준비하고 노력해야 성공할 수 있습니다.

겉 다르고 속 다르다.

대개 부정적인 의미로 쓰이는 속담입니다. '눈앞에 내보이는 모습과 눈에 보이지 않는 생각이나 마음이 다르다.'라는 뜻이지요. 사람의 겉과 속이 완전히 똑같기는 쉽지 않지만, 그래도 최대한 겉과 속이 같아지려고 노력해야 합니다.

고래 싸움에 새우 등 터진다.

고래끼리 싸움을 벌이면, 워낙 큰 몸집 탓에 바다 속은 금세 난장판이 됩니다. 그런 난리 법석에 고래보다 몸집이 훨씬 작은 새우는 생명의 위협까지 느끼겠지요. '강한 자들이 다투는 통에 아무 죄 없는 약한 자들이 중간에서 피해를 보게 됨'을 의미하는 속담입니다.

고슴도치도 제 새끼가 제일 예쁘다.

털이 바늘같이 뾰족해서 하나도 예쁠 게 없는 고슴도치도 자기 자식을 가장 사랑스럽게 여긴다는 말입니다. '부모의 무조건적인 자식 사랑'을 의미하는 속담이지요. '고슴도치도 제 새끼는 함함하다고(털이 부드럽다고) 한다.'라고 표현하기도 합니다.

지난 시간에 제출한 그림을 복도에 전시했으니 확인해 보도록!

오~

다른 친구들 그림도 잘 보고 가장 마음에 드는 그림을 하나씩 추천해 줘.

투표함

와~ 잘그렸다~

그렇게 모두 투표를 마쳤다.

역시, 코코 한 표~

오, 뿌링도 한 표~

딸기 한 표, 비트 한 표...

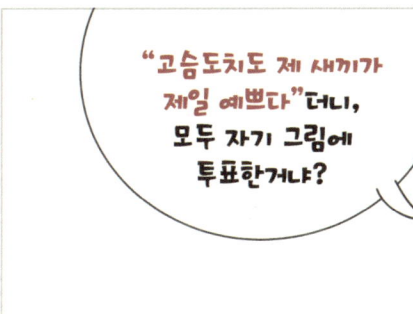

"고슴도치도 제 새끼가 제일 예쁘다"더니, 모두 자기 그림에 투표한거냐?

고양이 쥐 생각해 준다.

고양이는 쥐의 천적입니다. 쥐와 맞닥뜨린 고양이는 얼른 잡아먹어 배를 채울 생각뿐입니다. 결코 고양이가 쥐를 배려해 줄 리 없지요. 그래서 이 속담은 '분명히 해칠 마음을 갖고 있으면서 겉으로는 위해 주는 척하는 상황'에 쓰입니다.

17

공든 탑이 무너지랴.

정성껏 최선을 다해 탑을 쌓아올리면 절대 무너질 리 없다는 말입니다. '어떤 일이든 자신이 할 수 있는 만큼 온 열정을 다해 열심히 노력하면 반드시 성과가 따른다.'라는 의미지요. 세상의 모든 어린이가 이런 믿음을 갖고 공부하면 반드시 꿈을 이룰 수 있습니다.

1. 자기가 할 일은 스스로 해요.

2. 산타 할아버지는 남을 돕는 어린이를 칭찬해요.

5. 환경을 보호하는 어린이가 되어 주세요.

7. 골고루 잘 먹는 어린이가 되어 주세요.

10. 속담 공부도 열심히 해요~
뉘뉘~

드디어 크리스마스

우와~ 정말 스마트폰을 보내 주셨어!!

"공든 탑이 무너지랴."
산타 할아버지와 약속을 열심히 지켰으니 선물을 받아야죠.

나도 편지 보내봐야지~

구더기 무서워서 장 못 담글까.

장을 담그다 보면 자칫 구더기가 생길 수 있습니다. 하지만 그렇다고 해서 장 담그는 일 자체를 포기하면 안 되지요. 이 속담은 '어떤 어려움이나 방해를 무릅쓰고라도 자신이 원하는 일은 꼭 해야 한다.'라는 교훈을 담고 있습니다.

구슬이 서 말이라도 꿰어야 보배다.

이 속담은 '아무리 좋은 재료를 많이 갖고 있어도, 그것을 제대로 엮지 않으면 아무런 쓸모가 없다.'라는 의미입니다. '말'은 옛날에 부피를 재던 단위인데, 한 말이 약 18리터쯤 되지요. 즉 54리터나 되는 많은 구슬이 있어도 꿰지 않으면 아무것도 아니라는 말입니다.

굼벵이도 구르는 재주가 있다.

이 속담은 '곰곰이 살펴보면 누구나 자신의 삶을 보람되게 살아갈 만한 작은 재능 하나쯤은 갖고 있다.'라는 교훈을 줍니다. 굼벵이도 구르는 재주가 있는 것처럼 말이지요. 그러니 설령 미련하고 부족해 보이는 사람이라 하더라도 함부로 무시하면 안 됩니다.

책도 많이 읽고 댄스도 잘하는 코코

못하는 운동이 없고 손재주가 좋은 뿌링

귀에 걸면 귀걸이, 코에 걸면 코걸이.

우리 주위에는 원칙 없이 상황에 따라 쉽게 말을 바꾸는 사람들이 있습니다. 그런 사람들을 설명할 때 딱 들어맞는 속담이지요. '어떤 원칙이 있는 것이 아니라, 둘러대기에 따라 이렇게도 되고 저렇게도 된다.'라는 의미를 담고 있는 속담입니다.

금강산도 식후경.

금강산은 매우 아름다운 산입니다. 하지만 천하제일의 경치라도 배가 고프면 풍경이 눈에 들어오지 않겠지요? 이 속담은 '아무리 재미있는 일이라도 배가 부르고 난 뒤에야 즐거움을 느낄 수 있다.'라는 의미를 담고 있습니다.

급하다고 바늘허리에 실 꿰어 쓸까.

모든 일에는 순서가 있습니다. 아무리 다급해도 반드시 거쳐야 하는 과정이 있지요. 바느질을 하려면 제일 먼저 바늘귀에 실을 꿰어야 합니다. 이 속담은 '아무리 급해도 순서와 절차를 지키라'는 가르침을 전합니다.

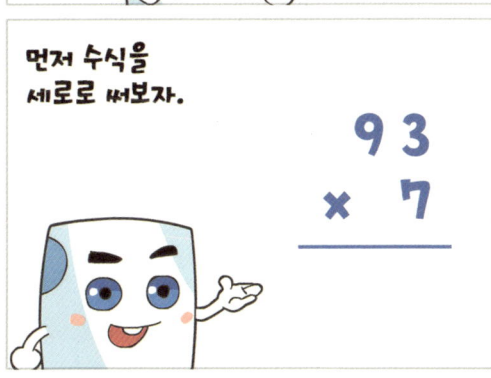
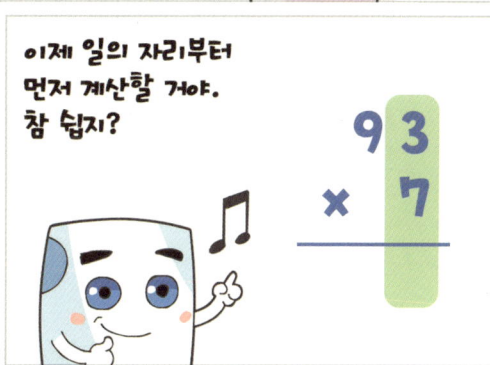

길고 짧은 것은 대 봐야 안다.

섣부른 판단은 실수를 낳게 마련입니다. 나보다 강한 상대라고 해서 일찌감치 주눅들 필요는 없습니다. '어느 쪽이 더 앞서 나갈지, 어느 편이 더 강한지는 직접 겨뤄 봐야 정확히 알 수 있으니까요.' 경기도 하기 전에 어떻게 승자와 패자를 구별하겠습니까?

정기 테스트 검사 발표

와~

이번 테스트도 코코의 성적이 가장 좋구나!

정기 신체 검사

와~

역시 키도 코코가 가장 크구나!

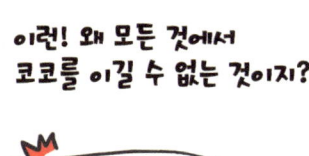

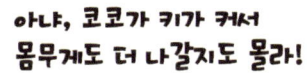

꼬리가 길면 밟힌다.

세상에 영원한 완전 범죄는 없습니다. 치밀한 범죄도 반복해서 저지르다 보면 결국 발각되게 마련이지요. 이 속담은 '남모르게 한두 번 나쁜 짓을 할 수는 있으나, 그것이 오랫동안 거듭되면 반드시 들키고 만다.'라는 교훈을 줍니다.

꽃 본 나비 담 아니 넘어갈까.

이 속담은 '자기가 정말 바라는 것을 얻기 위해서는 어떤 노력과 수고도 감수하게 마련이다.'라는 의미입니다. 나비는 어여쁜 꽃의 꿀을 빨기 위해 높은 담장을 마다하지 않고 훌쩍 날아오르지요. 설령 그 과정에 위험이 따른다 해도 나비를 막을 수는 없습니다.

요 며칠, 딸기가 보살펴주던 고양이들이 보이지 않습니다.

코코, 고양이들이 사라진 것 같아.

나가서 같이 찾아보자.

꿀 먹은 벙어리.

이 속담은 '속에 있는 생각을 겉으로 드러내지 못하는 사람'을 가리킵니다. 분명 무슨 생각이 있는 것 같은데 좀처럼 입을 열지 않는 경우에 쓰이지요. 또는 어떤 이유로 차마 자신의 생각이나 마음속 이야기를 표현하지 못하는 상황에 쓰이기도 합니다.

고양이들은 어디로 사라졌을까요?

'유기묘 보호센터'에서 데려갈 수 있어용.

'유기묘 보호센터'요?

길에서 길을 잃은 고양이를 신고하면, 구조해서 보호하는 곳이어용.

꿩 먹고 알 먹는다.

이 속담은 '한 번의 시도로 두 가지 이상의 성과를 거둠'을 의미합니다. 사냥꾼이 꿩을 잡고 보니 둥지에 알까지 낳아 두었더라는 옛날 일화에서 유래했지요. 전혀 예상치 못한 뜻밖의 행운을 잡았을 때 이야기할 수 있는 속담입니다.

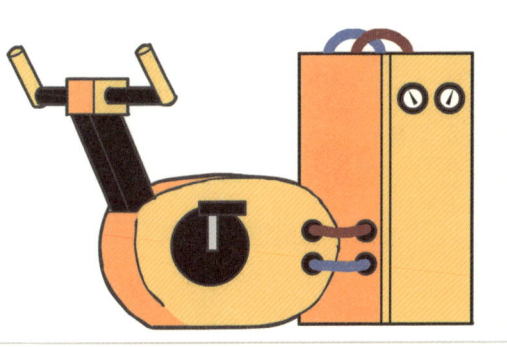

남의 떡이 커 보인다.

'실제와 상관없이 자기가 가진 것보다 남이 가진 것이 더 크게 느껴진다.'라는 의미입니다. 자기가 가진 것보다 남이 가진 것이 더 좋고, 더 아름답고, 더 훌륭하게 보일 때가 많지요. 늘 남과 비교하고 질투하는 사람의 어리석음을 꼬집는 속담입니다.

낮말은 새가 듣고 밤말은 쥐가 듣는다.

우리는 다른 사람에 대해 함부로 이야기할 때가 있습니다. 때로는 당사자의 허락 없이 비밀을 털어놓거나, 몰래 흉을 보지요. 하지만 그런 일은 삼가야 합니다. 이 속담은 '내가 은밀히 하는 이야기가 언제든 다른 사람 귀에 들어갈 수 있다.'는 점을 알려 줍니다.

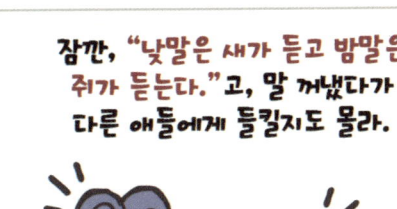

31

내 코가 석 자.

이 속담은 '자신이 처한 상황이 다급하거나 심각한 문제가 있어 남을 도와줄 틈이 없다.' 라는 의미입니다. '자'는 길이의 단위로 대략 30센티미터쯤 되지요. 그러니까 석 자라면 약 90센티미터로, 나의 코가 말도 안 되게 늘어난 만큼 상황이 무척 안 좋다는 말입니다.

누울 자리 봐 가며 발 뻗는다.

어떤 일을 앞에 두고 무작정 달려드는 사람이 있습니다. 자기가 이해받지 못할 상황에서 제 맘대로 행동하는 사람도 있지요. 모두 바람직하지 않습니다. 이 속담은 '미리 결과를 예측해 가며 일을 하고, 상황에 맞춰 행동하라'는 가르침을 전합니다.

누워서 침 뱉기.

누워서 침을 뱉으면 그 피해를 누가 볼까요? 말하나 마나 그 침은 침을 뱉은 사람에게 되돌아올 것이 뻔합니다. 그처럼 이 속담은 '남에게 해를 끼치려고 한 행동이 도리어 자신에게 해를 입힌다.'라는 의미로 사용되지요.

눈 뜨고 코 베인다.

흔히 도시 생활은 각박하다고 말합니다. 많은 사람들이 수단과 방법을 가리지 않고 자기의 이익만 쫓기 때문이지요. 이 속담은 '정신을 바짝 차리고 있어도 누군가 내 몫을 빼앗아 가는' 치열한 경쟁 상황을 이야기합니다.

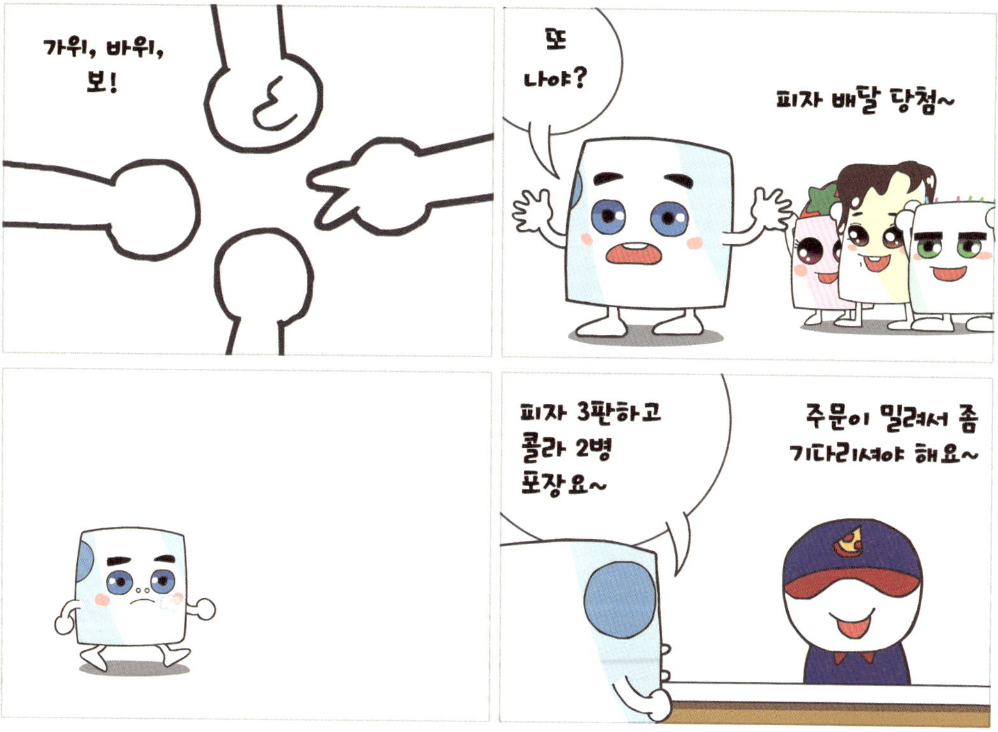

가위, 바위, 보!

또 나야?

피자 배달 당첨~

피자 3판하고 콜라 2병 포장요~

주문이 밀려서 좀 기다리셔야 해요~

늦게 배운 도둑질에 날 새는 줄 모른다.

어떤 일에 늦게 재미를 붙이는 사람이 있습니다. 이 속담은 '뒤늦게 무엇을 시작한 사람이 오히려 일찌감치 시작한 사람보다 더 열정적으로 매달리는 상황'을 말하지요.

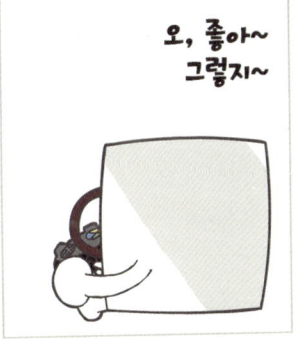

달걀로 바위 치기.

달걀과 바위가 부딪치면 어느 쪽이 깨질까요? 당연히 박살이 나는 쪽은 달걀입니다. 백 번 천 번 해 봐도 달라질 결과가 아니지요. 이처럼 '결과가 뻔한 무모한 일을 벌인다.'라는 의미로 쓰이는 속담입니다.

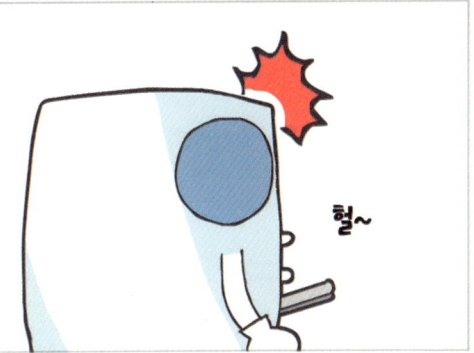

닭 잡아먹고 오리발 내놓기.

이 속담은 한마디로 '시치미 떼는 것'을 의미합니다. 분명 닭을 잡아먹고는 오리발을 내밀면서 딴청을 피우는 것이지요. '옳지 못한 일을 저지르고 나서 엉뚱한 수작으로 넘어가려는' 경우에도 쓰입니다.

38

도토리 키 재기.

도토리가 커 봤자 얼마나 클까요? 도토리의 크기는 다 고만고만합니다. 이 속담은 '별 차이도 없는 것끼리 누가 잘났는지 견주거나 다툴 필요 없다.'라는 의미로 쓰입니다. 우리는 작은 차이로 남을 우습게 여길 때가 있는데, 반드시 바로잡아야 할 나쁜 습관이지요.

되로 주고 말로 받는다.

'되'와 '말'은 주로 곡식의 양을 재는 단위로 쓰입니다. 한 되는 약 1.8리터이고, 한 말은 그보다 10배인 18리터쯤 되지요. 그러니까 이 속담은 '상대에게 준 것보다 훨씬 더 많이 돌려받는다.'라는 의미입니다. 대개 좋은 상황보다는 나쁜 상황에 쓰이지요.

될성부른 나무 떡잎부터 알아본다.

이 속담은 '훗날 크게 될 사람은 어린 시절부터 남다르다.'라는 의미입니다. 우리 주위에는 뒤늦게 자기 분야에서 두각을 나타내는 사람도 있지만, 많은 경우 어릴 적부터 일찌감치 눈에 띄는 재능을 뽐내지요. 운동이나 예술 분야에 그런 사람이 많습니다.

와, 노래 좋은데? 신곡인가?

요즘엔 어릴 때부터 뛰어난 가수가 많은 것 같아.

위인전을 읽어보면, 훌륭한 사람들은 어려서부터 남다른 경우가 많더라고요.

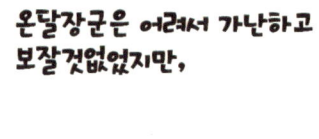

마른하늘에 날벼락.

천둥 번개가 치면서 요란하게 비가 내리기 전에는 미리 조짐이 보이게 마련입니다. 그래서 화창한 날씨였다가 갑자기 천둥 번개가 치면 크게 당황할 수밖에 없지요. 이 속담은 '예상치 못한 상황에서 뜻밖에 재난을 입는 것'을 말합니다.

글쎄, 아직 혜성이 충돌할 확률은 계산 중이고, 지구 대기권에서 1초에 40번 이상 번개가 치지만, 번개는 대부분 구름과 구름 사이에서 일어나고, 땅에 도달할 확률은 네 번 중 한 번이라고 해요. 미 항공우주국(NASA) 산하 NSSTC에 의하면, 보통 사람이 벼락에 맞을 확률은 60만 분의 1 정도 라고 하지요. (자세한 설명은 생략)

마른하늘에 설명벼락

말 안 하면 귀신도 모른다.

이 속담은 '구체적으로 대화를 나눠야 진심을 알 수 있다.'라는 의미를 담고 있습니다.
'굳이 말하지 않아도 이해하겠지.'라고 생각해 표현하지 않으면 오해가 쌓이기 십상이지요.
심지어 귀신도 말을 해 줘야 내 속마음을 안다는 재미있는 속담입니다.

선배, 이번 "혜성 충돌"에 대해 설명해 주셔야 할 것 같아요. 우리 정체는 무엇이죠?

일급비밀이라서...

"말 안 하면 귀신도 모른다"고, 저도 같은 팀원 아닌가요? 게다가 이 책을 읽는 독자들은 벌써 절반 가까이 읽었는데, 아직 우리의 정체를 모른다고요!

말 한마디에 천 냥 빚을 갚는다.

천 냥이라는 것은 매우 큰돈을 의미합니다. 그 돈을 갚는 일은 힘겨울 수밖에 없지요. 그런데 말을 예의바르고 조리 있게 잘해 빚을 삭치게 된 사람이 있습니다. 이 속담은 우리에게 '말의 중요성'을 새삼 깨닫게 합니다.

매도 먼저 맞는 게 낫다.

'어차피 피할 수 없다면, 싫은 일일수록 차라리 먼저 하는 편이 낫다.'라는 의미입니다. 예를 들어 꼭 맞아야 하는 예방 주사라면 괜히 두려움에 떨지 말고 친구들보다 먼저 맞아야 마음이 홀가분해지지요. 뒤로 미룰수록 불안감만 커집니다.

모래 위에 성 쌓기.

집을 지으려면 땅바닥이 단단해야 합니다. 하물며 커다란 성을 짓는 데 바닥이 모래밭이라면 무모하기 짝이 없는 노릇이지요. 이 속담에는 '기초가 튼튼하지 못해 오래 견디지 못하는 일'에 대한 경계가 담겨 있습니다.

방학인데 여행 가고 싶다.

그래, 이왕이면 해외여행을 가는 거야!

내친김에 세계 일주는 어때?

오, 아주 멋진 데?

목구멍이 포도청.

이 속담은 '죄가 되는 잘못된 방식으로 구한 음식을 목구멍에 넣으면 포도청에 가게 된다.'라는 의미입니다. 그런데 사람이 오랫동안 굶주리면 먹고 살기 위해 해서는 안 될 나쁜 짓까지 저지르게 되지요. 배고픔은 가장 견디기 어려운 고통이니까요.

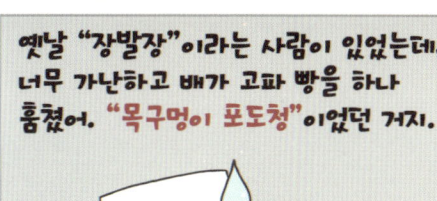
옛날 "장발장"이라는 사람이 있었는데, 너무 가난하고 배가 고파 빵을 하나 훔쳤어. "목구멍이 포도청"이었던 거지.

꼬르륵~

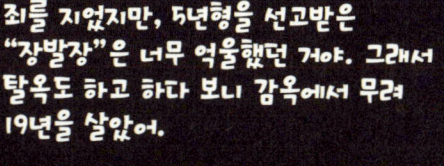
죄를 지었지만, 5년형을 선고받은 "장발장"은 너무 억울했던 거야. 그래서 탈옥도 하고 하다 보니 감옥에서 무려 19년을 살았어.

억울해!

감옥에서 나온 후 다시 오갈 데 없던 "장발장"은 우연히 묵은 성당에서 은으로 만든 그릇들을 훔치게 돼.

하지만 "미리엘" 주교는 오히려 은촛대도 건네주며 죄를 용서하고, 잘못을 뉘우친 "장발장"은 그길로 열심히 살아서 훌륭한 시장이 되지.

잘못했어요...

죄를 지으면 벌을 받아야 하지만, 때로는 용서가 더 좋은 답이 될 수 있는거지.

어? 그런데 빵이 다 어디로 갔지?

"목구멍이 포도청"이라고, 다 먹어 버렸네~

때로는 용서가 더 좋은 답이 될 수 있대~

못된 송아지 엉덩이에 뿔 난다.

소의 뿔은 머리에 나야 하는데, 제 자리를 무시하고 엉덩이에 뿔이 난답니다. 원체 성질이 못된 송아지라 손가락질 받는 터에 뿔까지 이상한 곳에서 자라는 것이지요. '성질 나쁜 사람이 그에 더해 또 다른 못된 짓을 하는' 경우에 쓰이는 속담입니다.

무소식이 희소식이다.

친구가 어떻게 지내는지 궁금한데 한동안 연락이 없습니다. 그럴 때는 온갖 나쁜 상상력이 발휘되지요. 하지만 따져 보면, 걱정할 필요 없습니다. 오히려 나쁜 일이 있으면 연락이 올 테니까요. '소식이 없는 것을 긍정적으로 생각하라.'는 의미의 속담입니다.

물에 빠지면 지푸라기라도 잡는다.

물에 빠진 사람은 위험에서 빠져 나오기 위해 온몸을 허우적거립니다. 곁에 있는 지푸라기라도 움켜쥐어 목숨을 지키려고 하지요. 그런 상황처럼 '위기에 처한 사람이 작은 희망이라도 품고 애쓰는 모습'을 비유하는 속담입니다.

내일 수학 시험 본다고 했는데…

하나도 모르겠어…

내가 몰래 답을 알려줄까?

너 저번 시험 몇 점?

20점…

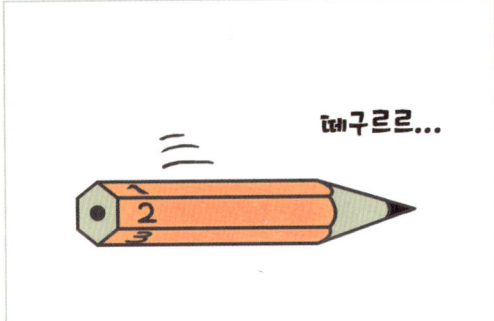

믿는 도끼에 발등 찍힌다.

여기서 믿는 도끼란, 자주 사용하는 도끼를 말합니다. 그런 도끼는 손에 익어 일을 하기 수월하지요. 하지만 방심하면 그 도끼가 자기 발을 찧는 심각한 실수를 저지르게 됩니다. '성공을 확신한 일을 그르치거나, 믿었던 사람에게 배신당할 때' 쓰는 속담이지요.

오늘 비가 올까, 안 올까? 우산 가져가기 귀찮은데.

샤샥, 오늘 비 온대?

방금 알아봤는데, 오늘 비 안 올 거야.

바늘 가는 데 실 간다.

바늘 옆에는 실이 있게 마련입니다. 두 가지가 함께해야 쓸모가 있으니까요. 그처럼 '매우 가까운 관계'를 비유적으로 일컬을 때 쓰이는 속담입니다. 늘 붙어 다니는 단짝 친구를 설명하기에도 적절한 표현이지요.

시리얼 먹을 땐

우유~

고구마 먹을 땐

사이다~

바늘 도둑이 소도둑 된다.

처음에는 작은 것을 훔치는 도둑이 나중에는 큰 것을 훔치게 된다는 이야기입니다. '작은 잘못을 범했을 때 엄격히 가르쳐야, 훗날 큰 잘못을 저지르지 않는다.'라는 교훈을 전하는 속담이지요. 사소한 잘못이라고 그냥 넘어가면 나중에 후회할 일이 생기는 법입니다.

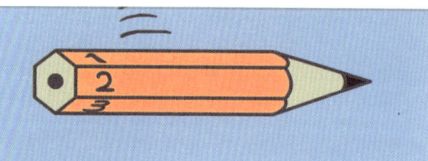

 곤뇽과샤샥
2일전

수학시험 볼 때 연필은 이렇게 쓰지!
좋아요 219개

바늘방석에 앉은 것 같다.

'매우 불편한 상황'을 설명하는 속담입니다. 바늘이 삐죽삐죽 솟은 방석 위에 앉아 있는 모습을 상상해 보아요. 엉덩이가 아파 한순간도 편안할 수 없겠지요. 이를테면 어떤 잘못을 저질러 선생님 앞에서 꾸중을 들을 때 그런 기분이 들지 않을까요?

곤뇽은 순식간에 SNS에 천재 소년으로 소문이 났다.

이번 경시대회에서 맞힌 친구가 없는 문제가 있는데 풀어줄 수 있나요?
#경시대회 #완전어려움
좋아요 137개

이번 세계 수학 올림피아드에 초대하고 싶어요. 뛰어난 실력을 뽐내주세요.
#세계수학올림피아드

이거 일이 너무 커지는데…

수학은 너무 어렵다고~

지금이라도 장난이었다고 할까?

곤뇽, 전화~

발 없는 말이 천 리 간다.

'말은 이 사람 저 사람 입을 통해 금방 퍼지니 말조심하라.'는 의미를 담은 속담입니다. 당연히 사람의 말에는 발이 없지요. 그래도 발 달린 말보다 더 빨리 이곳저곳 옮겨 다니기 일쑤입니다. 때로는 원래 뜻과 달리 엉뚱한 내용으로 변질되기도 하지요.

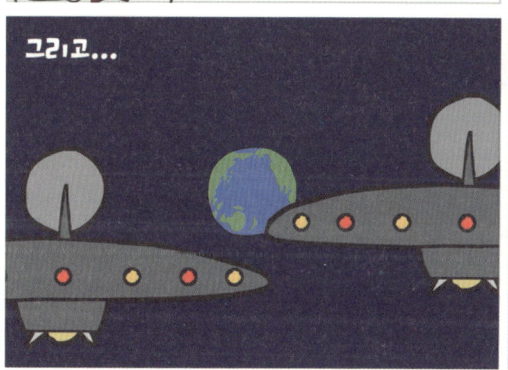

배보다 배꼽이 더 크다.

100원을 벌기 위해 500원을 쓰는 사람이 있다면 뭐라고 말할까요? 친구들과 하는 농구 시합에서 이겨 보겠다고 최고급 농구화를 사려는 친구에게 뭐라고 충고할까요? 이것은 그처럼 '주된 것보다 그에 딸린 것이 더 많거나 큰' 경우에 쓰이는 속담입니다.

백지장도 맞들면 낫다.

'백지장'은 흰 종이를 말합니다. 그것 한 장의 무게는 어린아이도 들 수 있을 만큼 가볍지요. 그런데 별것 아닌 백지장을 들 때도 누군가 함께한다면 힘이 훨씬 덜 들 것입니다. 이 속담은 '아무리 쉬운 일도 여럿이 단합하면 혼자 하는 것보다 낫다.'라는 의미입니다.

번갯불에 콩 볶아 먹는다.

어떤 일을 허겁지겁 순식간에 해치우는 사람이 있습니다. 성격이 급해 뭐든 빨리 일 처리를 해야 직성이 풀리는 사람이지요. 그런 경우에 사용하기 안성맞춤인 속담입니다. '어떤 일을 당장 해치우려고 지나치게 빨리 행동하는 것'을 비유하는 말이지요.

58

벙어리 냉가슴 앓듯 한다.

'벙어리'는 언어 장애인을 낮잡아 이르는 말입니다. 이제 '장님'을 '시각 장애인'이라고 하듯, 꼭 바로잡아야 할 표현이지요. 그럼에도 옛날부터 전해져 내려오는 속담이므로 그 의미만 헤아린다면, '겉으로 드러내지 못하는 답답한 마음'을 이야기하는 것입니다.

오랜만에 휴가네요? 뭐 할지 정했어요?

아, 그래서 생각해 보았는데…

나 같으면 K-POP 좋아해서 콘서트 갈 텐데, 왠지 안경 선배는 별로 안 좋아할 것 같아요.

잉? 아니, 그게…

벼룩의 간을 내어 먹는다.

벼룩은 눈에 잘 보이지도 않는 작은 곤충입니다. 그 곤충의 간이라면 크기가 얼마나 작을까요? 또 그것을 빼앗아 먹겠다는 사람은 얼마나 쩨쩨할까요? 이 속담은 '마음이 인색해 가진 것 별로 없는 상대의 아주 작은 것까지 탐내는' 상황을 이야기합니다.

부뚜막의 소금도 집어넣어야 짜다.

옛날에는 부엌 아궁이에 솥을 걸어 놓고 사용했습니다. 그 주변을 부뚜막이라고 했지요. 그곳에 소금을 두었다가 음식이 싱거울 때 집어넣고는 했습니다. 그냥 소금을 놓아둔다고 저절로 간이 맞춰지는 것은 아니지요. '실제로 이용해야 효과를 본다.'는 의미입니다.

불난 집에 부채질한다.

누군가에게 안 좋은 일이 닥쳤을 때 진심어린 위로 대신 은근히 약을 올리는 사람이 있습니다. 그처럼 '슬프고 안타까운 일에 도움을 주기는커녕 그 상황을 조롱하거나 더 심각하게 만드는 것'을 의미하는 속담입니다.

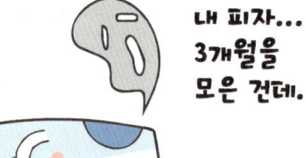
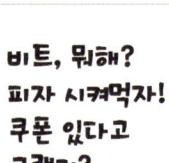

빈대 잡으려고 초가삼간 태운다.

'초가삼간'은 짚으로 지붕을 엮은 작은 집을 가리킵니다. 비록 보잘것없어도 가난한 사람에게는 전 재산이나 다름없지요. 그런데 빈대가 많다고 그 집에 불을 놓는 어리석은 짓을 해서야 되겠습니까? '작은 것에 집착하다가 큰 것을 잃는' 경우에 쓰이는 속담입니다.

실망한 아이들을 위로하기 위해 직접 피자를 만들어 보자!

나는야 따뜻한 남자~

피자는 찰진 도우가 생명! 반죽부터 완성까지 책임질 도우 로봇이 필요해!

쿵쾅!

쿵쾅!

피자를 구우려면 오븐이 필요하니까, 원자력 오븐을 만들자!

쿵쾅!
쿵쾅!

재료를 준비해야지. 최고급 치즈에 베이컨도 필요하고, 토핑에 쓸 치킨, 올리브, 버섯하고, 고구마가 좋을까, 감자가 좋을까?

파인애플도 좀 넣고, 같이 먹을 사이드 디시도 필요해. 탄산음료도 빠지면 안 되고..

이것도 사고, 저것도 사고...

이런, 치즈 5봉지 산다는 게 실수로 5상자를 주문했네!

"빈대 잡으려고 초가삼간 태운다"더니, 피자 한 판 먹는데 이게 무슨 일이람... 한 달 운영비를 피자로 다 태우겠네...

영수증

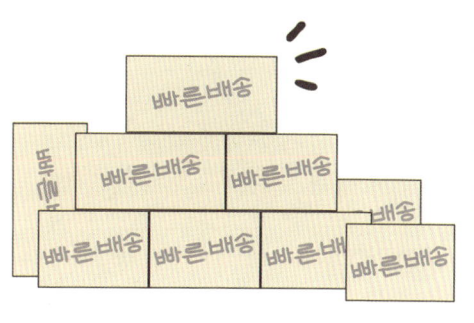

빛 좋은 개살구.

'겉은 번지르르한데 별 쓸모없는 것'을 일컫는 속담입니다. 보통의 살구보다 시고 떫은 개살구는 아무리 예쁘고 싱싱해도 맛이 없지요. 그래서 개살구는 흔히 못난 사람이나 탐탁지 않은 일을 비유할 때 사용됩니다.

사냥 가면서 총 놓고 간다.

사냥하면서 총을 가져가지 않으면 무엇으로 짐승을 잡을까요? 사냥뿐만 아니라, 그런 정신 자세로는 아무것도 할 수 없습니다. 이 속담은 '어떤 일을 하려 들면서 정작 가장 중요한 것을 빼먹는다.'라는 의미로 쓰입니다.

오늘은 소풍가는 날

뭘 그렇게 바리바리 싸 들고 가는 거야?

소풍은 원래 도시락 먹으러 가는 건데, 잘 챙겨야지.

사람은 얼굴보다 마음이 고와야 한다.

요즘은 외모지상주의 사회라고 합니다. 얼마나 많은 지식과 착한 마음씨를 가졌나 보다 눈에 보이는 겉모습에 집착하기 일쑤지요. 이 속담은 그런 현실을 비판하며 '무릇 사람은 예쁘고 잘생긴 것에 앞서 내면이 훨씬 더 중요하다.'라는 교훈을 전합니다.

와, 이 배우 요즘 잘나가지 않아? 그런데 '학폭' 했었나 봐.

되게 예쁘고 착하게 생겼는데, 의외네.

'사람은 얼굴보다 마음이 고와야 한다'고. 얼굴이 다가 아냐.

서당 개 삼 년에 풍월을 읊는다.

개도 3년만 서당에서 살면 글 읽는 것을 흉내 낸다는 이야기입니다. '설령 어리숙한 사람이라 해도 한 곳에 오래 있으면 어지간히 경험과 지식을 쌓게 된다.'라는 의미지요. 주변 환경의 중요성을 일깨우기도 하는 속담입니다.

숙제하기가 쉽지 않네.

무슨 고민 있어? "벙어리 냉가슴 앓듯" 하지 말고 다 얘기해 봐.

감상문을 써야 하는데, 좀 어려워.

이런, "마른하늘에 날벼락"이네. 그런 어려운 숙제를 내주시다니!

소문난 잔치에 먹을 것 없다.

이 속담은 '크게 기대할 만하다고 소문난 일이 실제로는 실속이 없다.'라는 의미를 담고 있습니다. 우리는 일상에서 소문과 실제가 다른 경우를 자주 접하게 되지요. 이를테면 맛집으로 소문난 식당 음식이 직접 먹어 보면 별로인 경우를 예로 들 수 있습니다.

쇠귀에 경 읽기.

여기서 '경'은 유교의 사상과 교리를 적어 놓은 책을 말합니다. 그것을 소한테 읽어 줘 봐야 무슨 소용이 있을까요? '제아무리 귀한 말도 아예 들을 마음이 없거나, 들어도 이해를 못하는 대상에게는 아무 짝에도 쓸모없다.'라는 의미입니다.

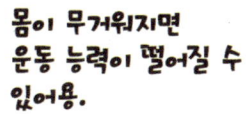

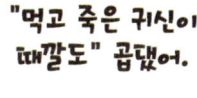

수박 겉 핥기.

'진짜 알아야 할 속 내용은 모른 채 겉만 건드린다.'라는 의미의 속담입니다. 수박 맛을 즐기려면 껍질을 갈라 속에 든 붉은 과육을 먹어 봐야 하지요. 그냥 초록빛 껍데기만 핥아서는 수박 맛이 어떤지 알 수 없습니다. 일이나 공부도 마찬가지입니다.

시작이 반이다.

무슨 일이든 시작하기가 어렵습니다. 그런데 일단 시작만 하면 열심히 노력하게 되는 경우가 많지요. 그래서 이 속담은 '굳은 의지로 무엇을 시작하면 벌써 절반쯤 이룬 것이나 다름없다.'라며 용기를 북돋워 줍니다.

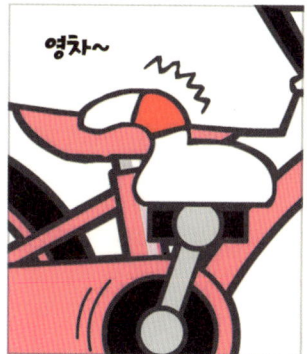

싼 게 비지떡이다.

'비지떡'은 두부를 만들고 남은 비지에 밀가루를 넣어 부쳐 낸 떡입니다. 고급 재료는 전혀 들어가지 않기 때문에, 흔히 보잘것없는 것을 비유하지요. 이 속담은 '값이 싼 물건은 품질도 형편없게 마련이다.'라는 의미를 담고 있습니다.

아니 땐 굴뚝에 연기 날까.

이 속담은 '원인이 있기 때문에 결과가 있다.'는 사실을 강조합니다. 아무런 이유나 시도가 없는데 특별한 결과를 낳는 경우는 별로 없지요. 소문도 그렇습니다. 대부분의 소문은 그럴 만한 일이 있기 때문에 생겨난다는 말입니다.

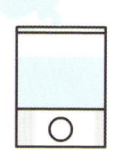

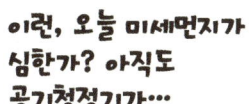

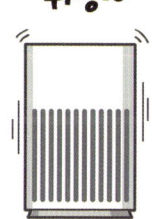

아이 보는 데는 찬물도 못 먹는다.

어린아이는 어른들의 말과 행동을 곧잘 흉내 냅니다. 좋은 것만 따라하면 괜찮은데, 나쁜 것도 금세 배우지요. 그래서 이 속담은 '아이들이 보는 데서는 말과 행동에 유의하라.'고 이야기합니다. '남 흉내 내기 좋아하는 사람을 비꼬는' 말로도 쓰이지요.

약방에 감초.

한약은 대부분 쓴맛이 납니다. 그래서 한약을 조제할 때 감초를 넣어 쓴맛을 줄이지요. 감초는 단맛이 나는 약재로, 감초 없는 한약방은 없습니다. 그러니까 이 속담은 '어떤 일에나 꼭 끼는 사람, 또는 반드시 있어야 하는 물건'을 의미합니다.

피자를 먹을까, 떡볶이를 먹을까 고민되네.

둘 다 먹어~ 나도 같이 먹자~

누구 농구같이 할 사람 없나?

나, 나~ 나 농구할 줄 알아~

어물전 망신은 꼴뚜기가 시킨다.

'어물전'은 생선과 해조류 따위를 파는 가게입니다. 그곳에서 꼴뚜기는 값이 싼 상품에 속하지요. 이 속담은 '별 볼 일 없는 못난 사람이 자기가 속한 집단이나 주변 사람들을 망신시킨다.'라는 의미를 담고 있습니다.

엎드려 절 받기.

이 속담은 '상대에게 억지로 대접을 받는다.'라는 의미입니다. 상대방이 나에게 분명 호의를 베풀기는 하는데, 그 마음이 진심으로 느껴지지 않을 때가 있지요. 내가 요구해서 마지못해 받게 되는 사과나 친절이 결코 만족스러울 리 없습니다.

앗, 햄버거 1+1 쿠폰이네? ♪

한 번에 두 개 다 먹긴 아깝고…

딸기야, 나 햄버거 먹으려는데, 너도 사줄까?

짠돌이가 웬일? 고마워~

엎어진 김에 쉬어 간다.

세상을 살아가다 보면 뜻밖의 일에 맞닥뜨려 당황할 때가 있습니다. 그런데 그와 같은 상황을 긍정적으로 받아들여 재충전의 기회로 삼는 사람들이 있지요. 이 속담은 '미리 예상하지 못한 일이지만, 오히려 기회로 여겨 평소 하려던 것을 이룬다.'라는 의미입니다.

"안경 선배", 무슨 일 있어용?

사실 엊그제 같이 "히어로 아카데미"에 다녔던 히어로 친구를 만났는데…

열 번 찍어 안 넘어가는 나무 없다.

'꾸준히 노력하면 마침내 성과를 거두게 된다.'라는 의미를 가진 속담입니다. 아무리 큰 나무도 연달아 도끼질을 하면 쓰러지듯, 불가능할 것 같은 일도 계속 시도하면 언젠가는 이루어지지요. 고집 센 사람의 마음도 여러 번 권하고 달래면 변할 수 있습니다.

"열 번 찍어 안 넘어가는 나무 없다."라고 될 때까지 다시 도전하는 거야!

먼저 히어로가 되려면 멋진 쫄쫄이 유니폼이 하나 있어야지!

주문 완료~

살 좀…

우물 안 개구리.

우물 안에 갇힌 개구리는 평생 그곳에서 살아가야 합니다. 그 개구리에게는 우물이 세상의 전부지요. 바깥세상이 얼마나 넓고 변화무쌍한지 알 수 없습니다. 그 개구리처럼 '별로 아는 것도 없이 자기가 잘난 줄 착각하는 사람'을 비꼬는 속담입니다.

드디어 "히어로 선발전" 당일

지원자는 어떤 재능이 있죠?

심사위원

아임 미쿡에서 왔슴미다.

우물을 파도 한 우물을 파라.

자기가 좋아서 시작한 일에 금방 싫증을 내는 사람이 있습니다. 그런 사람은 다른 일을 해 봐도 얼마 못 가 흥미를 잃기 십상이지요. 그래서는 뭐 하나도 이루기가 쉽지 않습니다. 이 속담은 '무슨 일이든 꾸준히 파고들어야 성공할 수 있다.'라는 교훈을 전합니다.

우리 이번 주말에 뷔페 가용~!

우와~!

오랜만에 가는 뷔페인데 뭘 먹는 게 제일 좋을까?

원님 덕에 나팔 분다.

'원님'은 고을의 관리를 높여 부르던 말입니다. 원님이 행차할 때는 나팔수가 앞장섰는데, 백성들은 나팔 소리를 듣고 얼른 길을 비켰지요. 이 속담은 그처럼 '남의 덕에 호화로운 대접을 받는다.'라는 의미입니다. 그것은 결코 나팔수가 잘났기 때문이 아니지요.

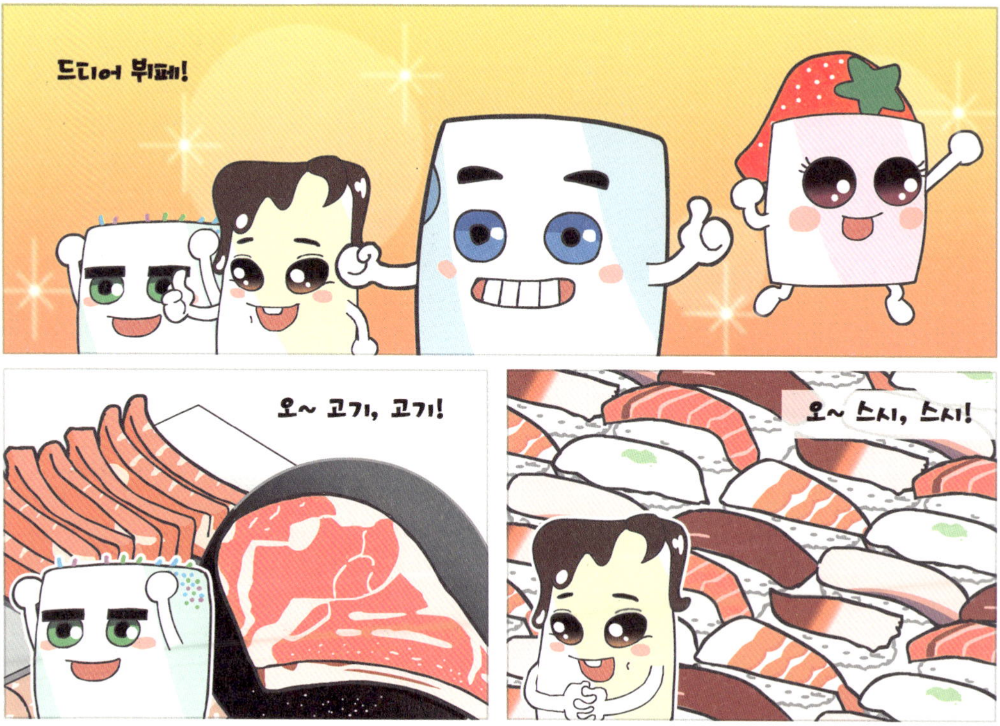

원숭이도 나무에서 떨어진다.

'아무리 어떤 일을 잘하는 전문가라 하더라도 실수할 때가 있다.'라는 의미입니다. 실제로 나무타기 도사인 원숭이가 나무에서 떨어지는 경우가 있지요. 그러니 자기가 늘 하던 일이나 자신 있어 하던 일에 실수하더라도 너무 속상해하지 말라는 것입니다.

입에 쓴 약이 병에는 좋다.

쓴맛을 좋아하는 사람은 없습니다. 다만 병을 치료할 수 있다면 쓰디쓴 약이라도 기꺼이 먹겠지요. 이 속담은 '당장 듣기에는 귀에 거슬리는 충고와 비판이라도, 그것을 달게 받아들이면 자신에게 도움이 된다.'라는 가르침을 이야기합니다.

자다가 봉창 두드린다.

'한참 단잠을 자는 새벽에 남의 봉창을 두들겨 깜짝 놀라게 한다.'라는 의미입니다. '봉창'은 창문을 여닫지 못하도록 봉해 둔 작은 창을 가리키지요. 이 속담은 '뜻밖의 말이나 행동을 갑자기 하는 것'을 비유적으로 일컫습니다.

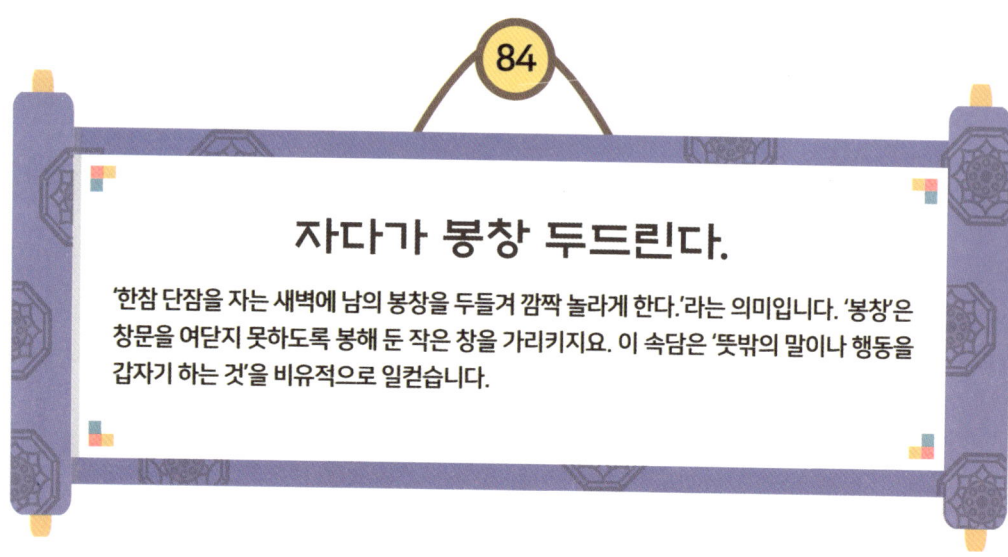

작은 고추가 맵다.

'겉모습이 작고 약해 보인다고 해서 절대로 만만히 여기지 말라.'는 경고입니다. 실제로 진짜 매운 고추 종류는 크기가 작은 편이지요. 운동 경기에서도 몸집이 작은 선수가 큰 선수에게 이기는 것을 심심치 않게 볼 수 있습니다.

퀴즈 대회에 나가서 나의 지적인 모습을 뽐내야지!

SNS에도 라이브로 올리자~!

흥흥 첫 상대가 저런 꼬맹이라니, 무난한 승리 예상~!

86

제 꾀에 자기가 넘어간다.

이 속담은 '지나치게 꾀를 부리다가는 오히려 자기가 피해를 입게 된다.'라는 교훈을 이야기합니다. 어떤 일을 하거나, 다른 사람을 대할 때 너무 잔꾀를 부리지 말라는 경고지요. 비슷한 의미의 속담으로 '제 도끼에 발등 찍힌다.'가 있습니다.

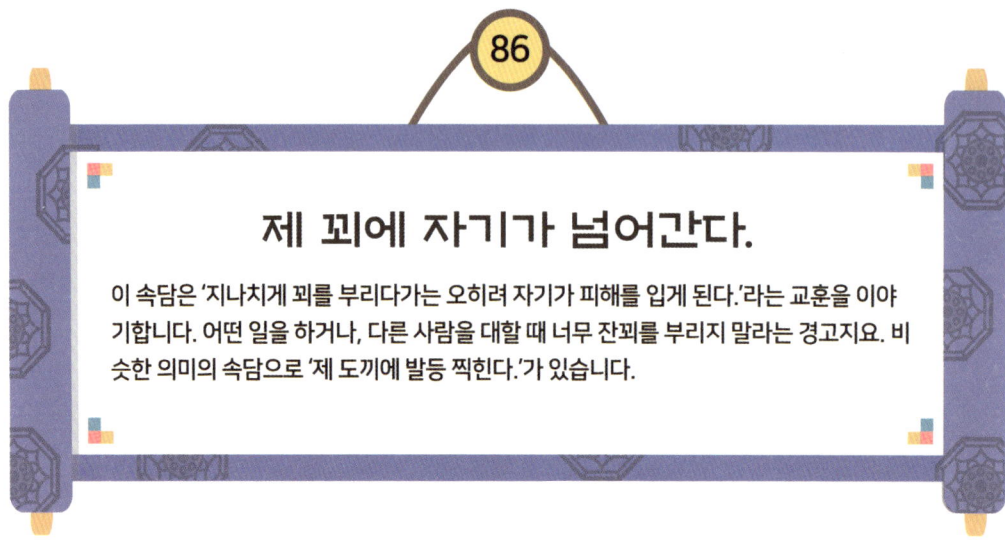

쥐구멍에도 볕 들 날 있다.

'몹시 고생하며 살아가는 사람에게도 희망의 날이 올 수 있다.'는 의미입니다. 흔히 쥐구멍은 어두운 구석에 위치하지만, 가끔은 그곳에도 환한 빛이 비칠 때가 있지요. 이 속담은 '힘들어도 묵묵히 견디면 좋은 날이 온다.'라는 믿음을 전합니다.

88

지성이면 감천이다.

이 속담은 '지극히 정성을 다하면 하늘도 감동해 도와준다.'라는 의미를 담고 있습니다. 설령 불가능해 보이는 일이라도 끝까지 포기하지 않고 모든 정성을 기울이면 원하는 결과를 얻게 된다는 것이지요. 하늘이 감동할 만큼 노력한다면 말입니다.

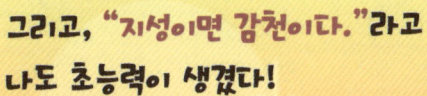

찬물도 위아래가 있다.

우리나라는 웃어른을 매우 공경하는 문화를 갖고 있습니다. 존댓말이 잘 발달되어 있고, 일상생활에서도 자기보다 나이 많은 사람을 배려하지요. 이 속담 역시 '사소한 일에도 윗사람을 먼저 생각해야 한다.'라는 가르침을 전합니다.

첫술에 배부르랴.

밥 한 숟가락을 먹자마자 배가 부를 수는 없습니다. 이제 막 시작한 일이 당장 대단한 성과를 내기는 어렵지요. 이 속담은 그처럼 '어떤 일이든지 처음부터 만족스러울 수는 없다.'라는 가르침을 전합니다.

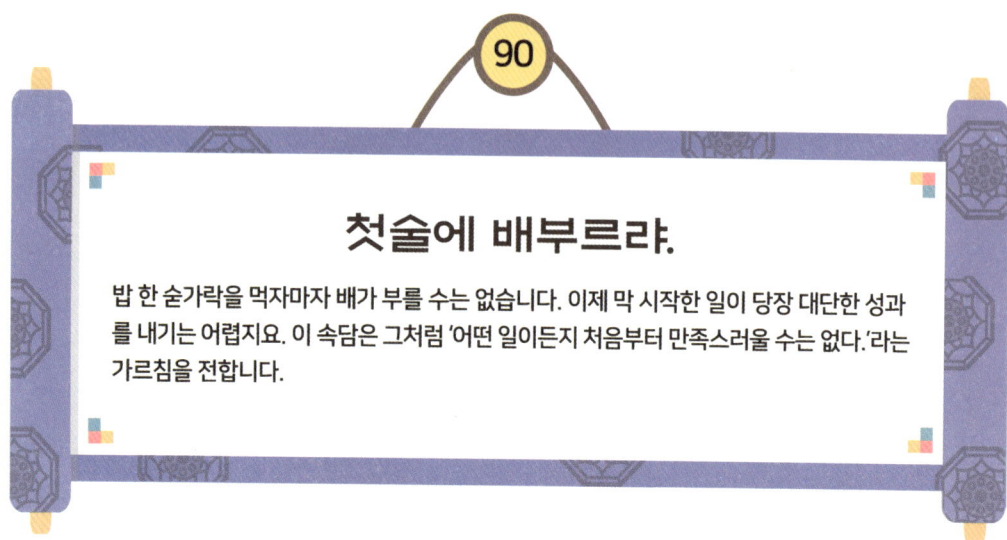

친구 따라 강남 간다.

친구라도 모든 일을 함께할 수는 없습니다. 나는 내 주관대로 삶을 살아가야 하지요. 친구가 선택한 길이라고 해서 덩달아 쫓아가다가는 후회하기 십상입니다. 이 속담은 '자기 의지나 생각 없이 그냥 가까운 사람을 따라하는' 한심한 상황을 비꼬는 것입니다.

그동안 나 "곤뇽"과 사랑하는 브로, "샤샥"은…

먹을 게 있으면 같이 먹었고…

여행을 갈 때도 같이 갔고…

콩 심은 데 콩 나고, 팥 심은 데 팥 난다.

'모든 일은 원인에 걸맞은 결과가 있게 마련이다.'라는 의미의 속담입니다. 자기가 뿌린 대로 그에 어울리는 결실을 거두게 된다는 말이지요.

콩을 팥이라 해도 곧이듣는다.

남을 믿는 것은 바람직한 자세입니다. 우리 주위에는 이 속담처럼 '남의 말과 행동을 곧이 곧대로 잘 믿는' 착한 사람들이 있지요. 그런데 거짓을 일삼으며 그런 사람들을 이용하려고 드는 나쁜 사람도 있어 문제입니다.

티끌 모아 태산.

'티끌'은 매우 작은 먼지 따위를 일컫는 말입니다. 그런 것을 모아 태산을 만들려면 얼마나 많은 시간과 수고가 필요할까요? 하지만 그런 일이 결코 불가능한 것은 아닙니다. '하찮은 것이라도 꾸준히 모으면 결국 큰 것이 된다.'라는 의미의 속담이지요.

평안 감사도 저 싫으면 그만이다.

'평안 감사'는 조선시대에 평안도 지역을 맡아 다스리던 으뜸 벼슬입니다. 그런데 그처럼 높은 벼슬도 본인이 하기 싫다면 억지로 등 떠밀 수 없는 노릇이지요. 이 속담은 '아무리 좋은 일도 당사자가 싫어하면 시킬 수 없다.'라는 의미입니다.

다시 돌아온 반장 선거

"코코"를 반장 후보로 추천합니다~!

와와~!

하나를 보면 열을 안다.

이 속담은 '어느 한 가지를 보면 전체를 미루어 짐작할 수 있다.'라는 의미를 담고 있습니다. 예를 들어 성실한 사람이 예의바르고, 나쁜 짓을 하지 않는 경우가 많지요. 하지만 상대방의 한두 가지 모습만 보고 선입견을 가지면 위험하니 주의가 필요합니다.

어떻게 "코코"는 모르는 게 없지?

"코코"는 하나를 보면 열을 알잖아.

"코코"는 틈만 나면 책을 본다.

잠깐, 어디선가 햄버거 냄새 나지 않니?

하룻강아지 범 무서운 줄 모른다.

세상에 태어난 지 하루밖에 안 된 강아지는 호랑이에 대해 들어본 적이 없습니다. 그러니까 호랑이가 얼마나 무서운 동물인지 알 리 없지요. 이 속담에는 '상대가 어떤지도 모르고 철없이 함부로 덤벼든다.'라는 의미가 담겨 있습니다.

호랑이도 제 말 하면 온다.

같은 자리에 없는 누군가에 대해 이야기하는데, 때마침 그 사람이 올 때가 있습니다. 바로 그런 경우에 빗대어 쓰는 속담이지요. 이 말에는 '당사자가 곁에 없다고 해서 함부로 이야기하지 말라.'는 경고가 담겨 있습니다.

호미로 막을 것을 가래로 막는다.

미리 대비하면 쉽게 해결할 일을 뒤로 미루다가 낭패를 보는 경우가 있습니다. 이 속담은 '어떤 일이 작을 때 미리 처리하지 않다가 나중에 쓸데없이 큰 힘을 들이게 되는 상황'을 이야기하고 있지요. '가래'는 '호미'보다 훨씬 커다란 농기구입니다.

혹 떼러 갔다가 혹 붙여 온다.

이 속담은 '좋은 일을 기대하고 갔다가 오히려 불리한 일을 당하고 온다.'라는 의미입니다. 어떤 일을 하다 보면 기대와 전혀 다른 결과를 얻을 때가 있지요. 때로는 누군가에게 도움을 받으러 갔다가, 도리어 뜻밖의 짐만 떠안게 되는 경우도 있습니다.